Katja Büscher

Oh Schreck, mein Schneckenhaus ist weg!

Eine Geschichte mit begleitenden Arbeitsmaterialien
zur Förderung von Sozialkompetenz und Toleranz

AOL
verlag

Impressum

Oh Schreck, mein Schneckenhaus ist weg!

Katja Büscher ist Autorin zahlreicher Kurzgeschichten und Gedichte für Kinder. 2020 erschien ihr erstes Buch „Adler Alfred hat Angst" im AOL-Verlag. Ihr Leben, beruflich wie privat, spielt sich im Kölner Süden ab. Sie arbeitet dort als Förderschullehrerin an einer inklusiven Grundschule. Die kölsche Frohnatur führt seit vielen Jahren Schüler mit viel Freude an das Lesen heran. Ihr war es schon immer ein großes Anliegen, die Lese- und Schreibmotivation bei Kindern zu wecken und das Interesse an Geschichten und Gedichten zu fördern. Verregnete Nachmittage nutzt sie daher allzu gerne, ihren fantasievollen Gedanken freien Lauf zu lassen und lustige Geschichten zu verfassen. Zu ihren Hobbys gehören neben der Literatur und dem Schreiben auch der Sport und das Reisen.

1. Auflage 2020
© 2020 AOL-Verlag, Hamburg
AAP Lehrerwelt GmbH
Alle Rechte vorbehalten.

Veritaskai 3 · 21079 Hamburg
Fon (040) 32 50 83-060 · Fax (040) 32 50 83-050
info@aol-verlag.de · www.aol-verlag.de

Redaktion: Kathrin Roth
Layout/Satz: © Satzpunkt Ursula Ewert GmbH, Bayreuth
Coverfoto: Irina/stock.adobe.com

ISBN: 978-3-403-10654-8

Das Werk als Ganzes sowie in seinen Teilen unterliegt dem deutschen Urheberrecht. Der Erwerber des Werkes ist berechtigt, das Werk als Ganzes oder in seinen Teilen für den eigenen Gebrauch und den Einsatz im Unterricht zu nutzen. Die Nutzung ist nur für den genannten Zweck gestattet, nicht jedoch für einen weiteren kommerziellen Gebrauch, für die Weiterleitung an Dritte oder für die Veröffentlichung im Internet oder in Intranets. Eine über den genannten Zweck hinausgehende Nutzung bedarf in jedem Fall der vorherigen schriftlichen Zustimmung des Verlages.

Sind Internetadressen in diesem Werk angegeben, wurden diese vom Verlag sorgfältig geprüft. Da wir auf die externen Seiten weder inhaltliche noch gestalterische Einflussmöglichkeiten haben, können wir nicht garantieren, dass die Inhalte zu einem späteren Zeitpunkt noch dieselben sind wie zum Zeitpunkt der Drucklegung. Der AOL-Verlag übernimmt deshalb keine Gewähr für die Aktualität und den Inhalt dieser Internetseiten oder solcher, die mit ihnen verlinkt sind, und schließt jegliche Haftung aus.

Engagiert unterrichten. Begeistert lernen.

AOL verlag

Inhaltsverzeichnis

Ein paar Worte vorweg 4
    Zum Inhalt des Buches 4
    Wie dieses Buch eingesetzt werden kann 4
    Didaktische und methodische Hinweise 5
    Anmerkungen zu den einzelnen Arbeitsschritten 6
    Vorschläge für den Unterrichtseinstieg bzw. -abschluss ... 7
        Warme Dusche 7
        Gefühlsbarometer 7
        Komplimentebox 8
        Kompliment to go 9

Kapitel 1:   Geschichte 10
              Arbeitsmaterial 11

Kapitel 2:   Geschichte 14
              Arbeitsmaterial 15

Kapitel 3:   Geschichte 17
              Arbeitsmaterial 18

Kapitel 4:   Geschichte 20
              Arbeitsmaterial 21

Kapitel 5:   Geschichte 23
              Arbeitsmaterial 24

Kapitel 6:   Geschichte 26
              Arbeitsmaterial 27

Kapitel 7:   Geschichte 29
              Arbeitsmaterial 30

Kapitel 8:   Geschichte 32
              Arbeitsmaterial 33

Kapitel 9:   Geschichte 35
              Arbeitsmaterial 36

Kapitel 10: Geschichte 38
              Arbeitsmaterial 39

Kapitel 11: Geschichte 41
              Arbeitsmaterial 42

Lesespurgeschichte zum Lese- und Hörverstehen 44

Ausmalbild mit allen Tieren 47

Finde einen Freund 48

Hinweis: Zu diesem Band gibt es Zusatzmaterial. Dabei handelt es sich um den Lösungsteil, den Sie sich kostenlos aus dem Internet herunterladen können.

Ein paar Worte vorweg

Zum Inhalt des Buches

Als Schnell, die Schnecke, aufwacht, ist ihr Schneckenhaus verschwunden. Verzweifelt macht sie sich auf die Suche, die sich aber als sehr schwierig erweist, denn Schnell ist noch langsamer, als Schnecken es ohnehin schon sind. Trotzdem hat Schnell Glück: Bei ihrer Suche wird sie von anderen Tieren unterstützt. So besteht der Suchtrupp schließlich neben der langsamen Schnecke aus einer Spinne, die nicht richtig laufen kann, einem Eichhörnchen, das nicht richtig sprechen kann, einem Maulwurf, der nicht geradeaus graben kann, einer Ente, die nicht schwimmen kann, einer Amsel, die nicht fliegen kann, einem Fuchs, der sich nichts merken kann, und einer Eule, die sich nachts fürchtet.

Gemeinsam macht die Gruppe den Dieb, eine Ratte, ausfindig. Mit einer gefährlichen List holen sie sich das Schneckenhaus zurück. Doch die Tiere – und allen voran Schnell, die Schnecke – sind nicht glücklich mit ihrem Erfolg, nachdem sie die traurige Lebensgeschichte der Ratte gehört haben. Mitfühlend beschließen die Tiere, sich von nun an gegenseitig zu helfen und für immer Freunde zu bleiben.

Wie dieses Buch eingesetzt werden kann

Die Anregungen und Materialien aus diesem Buch können Sie unterschiedlich in Ihrem Unterricht einsetzen. Zum einen eignet sich der Band als Grundlage für eine Unterrichtsreihe im Rahmen des sozialen Lernens, denn Sozialkompetenzen und eine Verbesserung des Klassenklimas werden im Idealfall parallel gefördert. Zudem werden die Kreativität und die Sprachentwicklung der Kinder angeregt. Mir liegt es dabei besonders am Herzen, gerade die lernschwachen und auffälligen Kinder anzusprechen.

Für das Vorlesen der Geschichte und die Bearbeitung des Unterrichtsmaterials benötigt man circa 11 Unterrichtseinheiten. Ich lese zu Beginn der ersten Stunde (dreimal in der Woche) ein Kapitel im Sitzkreis vor. Um für die nötige Ruhe zu sorgen, benutze ich eine Klangschale. Nach jedem Kapitel gebe ich den Schülerinnen und Schülern die Möglichkeit, sich zunächst spontan zu dem Geschehen zu äußern. Daraus entwickeln sich oft interessante Unterrichtsgespräche. Im Anschluss bearbeiten die Kinder die in zwei Stufen differenzierten Arbeitsblätter. Dabei entscheide ich nach der Lese- und Schreibfähigkeit der Schülerinnen und Schüler, wer welches Arbeitsblatt erhält. (Mehr zur Art der Differenzierung erfahren Sie weiter unten.) Damit jedes Kind mit einem guten Gefühl aus der Stunde geht, führen wir zum Schluss eine warme Dusche oder eine Komplimenterunde (Komplimente to go oder Komplimentebox) durch. Wie diese Spiele ablaufen, erfahren Sie ab Seite 7.

Ein anderes Einsatzszenario ist, das Material im Rahmen des täglichen Morgenrituals in der Klasse zu nutzen. Die Lehrkraft kann jeden Morgen ein Kapitel vorlesen (Vorlesezeit: ca. 10 Minuten), anschließend das Material bearbeiten lassen oder dieses in den Wochenplan integrieren. Das Material kann sowohl vom Klassenlehrer, Vertretungslehrer, Fachlehrer oder von einem Sonderpädagogen genutzt werden.

Didaktische und methodische Hinweise

Mit der Geschichte und dem darauf abgestimmten Unterrichtsmaterial wird den Kindern einfühlsam das Thema „Beeinträchtigung und Außenseiterrolle" nähergebracht. Gerade mit Blick auf die Inklusion und darauf, dass auch geflüchtete und/oder traumatisierte Kinder in unseren Klassenzimmern sitzen, erscheint mir dieses Thema zentral für den (gemeinsamen) Unterricht. Jeder Mensch hat Stärken und nicht jeder muss alles können. Bei Problemen hilft es, gemeinsam aktiv zu werden. Mit Blick auf das Thema „Beeinträchtigung und Außenseiterrolle" sollte natürlich immer besonders behutsam auf die Klassensituation, auf einzelne Schülerinnen und Schüler eingegangen und für ein gutes Klassenklima gesorgt werden. Dabei ist das Fingerspitzengefühl der Lehrkraft gefragt. Gibt es Kinder, die ungerne in die Schule gehen oder sogar bereits eine Schulangst entwickelt haben? Gibt es Kinder mit Behinderungen in der Klasse? Gerade dann sollten Ängste und Probleme, wenn möglich, offen in der Klasse miteinander besprochen werden und auf gegenseitigen Respekt und die gemeinsame Verantwortung besonders viel Wert gelegt werden.

Das Arbeitsmaterial ist mitsamt seinen Aufgaben direkt und ohne großen Vorbereitungsaufwand einsetzbar. Zu jedem Kapitel gibt es vertiefendes und differenziertes Übungsmaterial mit Lösungen. Diese können ausgedruckt und im Klassenraum ausgehängt werden. Somit eignen sie sich perfekt für die Selbstkontrolle.

Die Aufgaben zu den Kapiteln sind absichtlich ähnlich gehalten. Daher müssen sie nur zu Beginn einmal ausführlicher erklärt werden. Um dem heterogenen Leistungsniveau in unseren Klassen zu entsprechen, sind die Arbeitsblätter zweifach differenziert. Kinder mit einer (noch) geringen Lese- und Schreibkompetenz bekommen ein Arbeitsblatt mit Hilfen. Diese Arbeitsblätter sind in der Kopfzeile mit einem Schneckenhäuschen markiert. Die Kinder müssen hier weniger schreiben. Zusätzlich enthalten diese Kopiervorlagen Tipps und Formulierungshilfen. Die anspruchsvolleren Arbeitsblätter erkennen Sie an zwei Schneckenhäusern in der Kopfzeile. Auf allen Arbeitsblättern sind die Sprechsilben markiert. Dies erleichtert allen Kindern das Lesen und stärkt das Silbenbewusstsein. Dadurch kann das Unterrichtsmaterial bereits in der ersten Klasse (ab dem zweiten Halbjahr) eingesetzt werden. Bei „ck" weichen die Sprechsilben von den Trennungsregeln ab. Diese Kombination wird in diesem Band wie alle anderen Mitlautverdopplungen behandelt, also Schnec-ke oder Lüc-ke.

Wichtig: Sie müssen das Material nicht verpflichtend nutzen. Sie können es auch dabei belassen, die Geschichte „nur" vorzulesen.

Die ab Seite 7 vorgeschlagenen Spiele und Rituale sind in vielen Schulen in der ein oder anderen Form bereits Usus. Die Spiele können mit geringem Vorbereitungsaufwand durchgeführt werden. Alle benötigten Materialien sind schnell und leicht selbst hergestellt.

Anmerkungen zu den einzelnen Arbeitsschritten

Schwerpunktmäßig sollen die Schülerinnen und Schüler bei allen Arbeitsblättern über positive Eigenschaften nachdenken. Dazu wird regelmäßig das kreative Schreiben geübt, denn jedes Arbeitsblatt enthält einen Schreibanlass.

Die Arbeitsblätter zu Kapitel 1 bis Kapitel 8 sind immer gleich aufgebaut. Dem jeweiligen Kapitel folgt ein knapper Lückentext, der den Inhalt maximal verkürzt wiedergibt. Diesen sollen die Kinder ergänzen. Daran anschließend machen die Schülerinnen und Schüler dem jeweiligen Tier ein Kompliment. Zum Abschluss schreiben sie die Geschichte weiter. Schülerinnen und Schüler, die noch Schwierigkeiten mit dem Schreiben haben, erzählen, wie die Geschichte weitergehen könnte, und/oder malen ein passendes Bild. In diesem Fall können die Kinder die Geschichte ihrem Tischnachbarn oder ihrem Erzählpartner, der vorab festgelegt wird, in „Flüsterstimme" weitererzählen. Ist die Klasse in der glücklichen Situation, dass sie in Doppelbesetzung unterrichtet wird, bietet es sich an dieser Stelle an, die Lerngruppe zu teilen. Durch das differenzierte Materialangebot ist das Ganze aber auch für eine einzelne Lehrkraft umsetzbar.

Die Arbeitsblätter zu den letzten drei Kapiteln haben etwas andere Schwerpunktsetzungen: In Kapitel 9 geht es darum, den ausgeklügelten Plan der Tiere zu wiederholen, und in Kapitel 10 und 11 sollen die Schülerinnen und Schüler Gefühle erkennen und benennen.

Den Abschluss bildet eine Lesespurgeschichte. Diese ermöglicht es, das Lese- und Hörverstehen zu trainieren und die Lesemotivation zu fördern. Die Kinder entnehmen dem gekürzten Text Hinweise. Auf der Bildvorlage folgen sie den Tieren in der Reihenfolge, in der sie in der Geschichte vorkommen, und nummerieren die Tiere entsprechend. Die Schlüsselwörter sind mithilfe von Piktogrammen besonders hervorgehoben, damit auch die schwächeren Leser die Lesespurgeschichte selbstständig bearbeiten können. Am Ende zeigt das Lösungswort an, ob die Tiere in der richtigen Reihenfolge nummeriert wurden.

Auf der letzten Kopiervorlage (Seite 48) wird noch ein Erinnerungsspiel zur Förderung von Gedächtnis und Konzentration angeboten. Die Tierbilder müssen ausgeschnitten und verdeckt auf den Tisch gelegt werden. Das Spiel wird von zwei Kindern gleichzeitig gespielt. Das Kind, das am Zug ist, darf zwei Karten aufdecken. Sind es zwei gleiche Bilder, darf es die beiden Karten behalten. Nun ist das andere Kind am Zug. Das Kind, das am Ende die meisten Pärchen besitzt, hat gewonnen.

Ich würde mich sehr freuen, wenn Schnell, die Schnecke, die Welt im Klassenzimmer ein klein wenig besser werden lässt.

Katja Büscher

Vorschläge für den Unterrichtseinstieg bzw. -abschluss

Warme Dusche

Die „warme Dusche" ist mittlerweile ein beliebtes Ritual an Grundschulen. Sie kann bei Geburtstagen, Abschieden, an anderen besonderen Tagen oder als tägliches (Morgen-) Ritual eingesetzt werden. Oft fällt es uns schwer, unseren Mitmenschen zu sagen, was wir gut an ihnen finden. Die warme Dusche soll helfen, den Blick auf das Positive zu lenken und sie soll den Kindern vermitteln: Du bist toll! Du bist etwas Besonderes!

Bei der Durchführung gibt es verschiedene Möglichkeiten: Ein Kind, z.B. das „Kind der Woche" oder das „Geburtstagskind", sitzt in der Mitte des Sitzkreises und seine Mitschüler machen ihm nacheinander ein Kompliment. Die Komplimente können laut ausgesprochen oder ins Ohr geflüstert oder per Briefchen zugesteckt werden. Die Schülerinnen und Schüler nennen reihum Eigenschaften, die sie toll an dem Kind finden und besonders schätzen, z.B.: „Du kannst gut malen, rennen, klettern" oder auch: „Es ist schön, dass du in unserer Klasse bist." Zur Vorbereitung können Satzanfänge ausgedruckt und in der Klasse aufgehängt werden, z.B.: „Ich finde gut, dass …" / „Du kannst gut …" / „Es ist schön, dass du …"

Schnell sieht man, wie das Kind auf seinem Platz in der Mitte des Stuhlkreises wächst und lächelt. (Anmerkung der Autorin: Auch die Lehrerin wächst auf ihrem Stuhl und lächelt. Ich habe es selbst ausprobiert.)

Die warme Dusche soll besonders das Selbstwertgefühl stärken. Die Kinder lernen dabei nicht nur, ihre Gefühle wahrzunehmen, sondern vor allem auch, Komplimente anzunehmen. Dieses Ritual führt zu einem herzlicheren Miteinander, mehr Akzeptanz in der Klasse und zahlt sich auf jeden Fall aus.

Gefühlsbarometer

Das Gefühlsbarometer hilft dabei, die eigenen Gefühle wahrzunehmen und zu reflektieren. Zudem sollen die Schülerinnen und Schüler auch die Gefühle ihrer Mitschüler erkennen und respektieren.

Es gibt verschiedene Einsatzmöglichkeiten des Gefühlsbarometers. Ich benutze selbst gemachte Wort-Bild-Karten, auf denen die Gefühle (glücklich / traurig / zufrieden / wütend / aufgeregt / ängstlich / gesund / krank / hungrig) sowohl bildlich als auch schriftlich dargestellt sind. Die Karten hängen an der Wand und die Schülerinnen und Schüler haben mit ihrer persönlichen Klammer die Möglichkeit, ihre aktuelle Gefühlslage anzuzeigen, indem sie die Klammer an das entsprechende Bild heften. Die Karten können auch als Plakat auf der Erde liegen und von den Kindern mit Knöpfen oder Steinen bestückt werden. Ganz wichtig: Jeder darf, aber keiner muss!

Die Schülerinnen und Schüler können ihre Klammern ritualisiert morgens vor Unterrichtsbeginn an den Karten befestigen. So erkennen Kinder und Lehrkräfte früh, wie die Stimmungslage in der Klasse und bei jedem Einzelnen ist. Im Idealfall unterhalten sich die Kinder untereinander und beraten sich gegenseitig. In unserer Klasse gehört der freiwillige Bericht über das aktuelle Befinden zum festen Bestandteil des anschließenden Morgenkreises.

Auch die Lehrkraft sollte eine eigene Klammer besitzen. Aus eigener Erfahrung kann ich sagen, dass die meisten Kinder viel Freude am Gefühlsbarometer haben und es eine sinnvolle Methode ist, sie in ihrer sozial-emotionalen Kompetenz zu stärken.

Komplimentebox

Die Komplimentebox besteht zunächst einmal aus einer Box, einer Dose, einem Glas oder auch einem Briefkasten. Besonders wertschätzend ist es für die Kinder, die Box gemeinsam zu basteln und kreativ zu gestalten.

Die Schülerinnen und Schüler können sich gegenseitig auf vorgefertigte Zettelchen Komplimente schreiben. Ein Kompliment an die gesamte Klasse oder die Lehrkraft ist natürlich auch möglich. Die kleinen Briefchen werden anonym oder auch mit Angabe des eigenen Namens abgegeben. Die Komplimentezettel werden über einen gewissen Zeitraum in der Box gesammelt. Die Komplimentebox kann beispielsweise einmal in der Woche in einer festen, dafür vorgesehenen Stunde (Klassenrat, Soziales Lernen, Morgenkreis, Religion ...) geleert und die Zettelchen verteilt werden. Ob diese laut oder leise gelesen werden, hängt von der Klassenstruktur und den jeweiligen Schülerinnen und Schülern ab. Alternativ können Sie die Briefchen auch in die Fächer der Kinder legen, damit sie mit nach Hause genommen werden können.

Die Schülerinnen und Schüler können so viele Komplimente schreiben, wie sie wollen. Bei mir gilt die Einschränkung, dass die Komplimente nicht immer demselben Freund oder derselben Freundin gemacht werden sollen. Sollte es einen Schüler geben, der nie ein Kompliment erhält, gibt es die Möglichkeit, Namensschilder ziehen zu lassen. Oft hilft aber auch ein Gespräch oder ein Hinweis, dass Schüler XY noch kein Kompliment erhalten hat. Erfahrungsgemäß bekommt er dann in der nächsten Runde gleich mehrere Komplimente. Durch diese Aktion werden die Kinder motiviert, sich über Klassenkameraden und deren gute Eigenschaften bewusst zu werden. Diese positive Bestätigung der eigenen Person wird sich garantiert förderlich auf das Klassenklima auswirken.

Kompliment to go

Im Klassenraum werden kleine Zettel mit Komplimenten zum Verschenken aufgehängt. Die Kinder dürfen sich ein Kompliment nehmen und dieses anschließend einem Mitschüler schenken. Die Komplimente sollten zunächst gemeinsam in der Klasse gesammelt werden. Entweder schreiben die Schülerinnen und Schüler die Komplimente auf oder Sie schreiben sie, der besseren Lesbarkeit wegen, am Computer und drucken das Ganze aus. Geeignete Beispiele für Komplimente sind:

- Ich bin froh, mit dir zusammenzuarbeiten.
- Ich freue mich, dich morgens zu sehen.
- Du bist großartig.
- Niemand läuft so schnell wie du.
- So wie du bist, bist du perfekt.
- Ich mag dich.
- Du bringst mich zum Lachen.
- Schön, dass es dich gibt.
- Du bist ein toller Freund.
- Du bist lustig.

Kapitel 1: Geschichte

Was ist los? Etwas stimmt mit Schnell, der Schnecke, nicht. Sie öffnet die Augen. Da fällt es ihr auf: Ihr Schneckenhaus ist verschwunden! Sie trägt es doch fast immer auf ihrem Rücken! Letzte Woche hat sie es kurz abgenommen, denn ihr Schneckenhaus brauchte einen neuen Anstrich. Da das Haus ständig Wind, Regen und Sonne ausgesetzt ist, muss es hin und wieder renoviert werden. Zweimal im Jahr streicht die Schnecke ihr Haus daher an. Dabei benutzt sie alle Farben, die sie bekommen kann: Rot, Grün, Blau, Gelb, Rosa, Braun, Lila und Orange. Wenn sie hübsche, kleine Steinchen oder schöne Pflanzenteile findet, klebt sie diese auch auf ihr Häuschen. Deshalb hat sie das schönste und bunteste Haus, für das sie weit und breit bewundert wird. Dieses Schneckenhaus gibt es nur einmal auf der ganzen Welt. Und jetzt ist es nicht mehr da. Schnell schaut sich panisch um. Alles ist wie immer: Um sie herum wächst hohes Gras und einige Blätter liegen auf dem Boden, denn Schnell, die Schnecke, lebt am Rand des großen Waldes.
Ohne lange zu überlegen, beschließt sie, sich auf die Suche nach ihrem Schneckenhaus zu machen. Doch sie ist so langsam. Schnell ist sogar noch viel langsamer als alle anderen Schnecken. Deshalb wurde sie als Schneckenkind auch immer gehänselt und niemand wollte mit ihr spielen. Das hat sich bis heute nicht geändert. Schnell ist immer allein und kümmert sich am liebsten um ihr Schneckenhaus. Das Schneckenhaus ist ihr Ein und Alles. Die kleine Schnecke beginnt zu weinen.
„Warum weinst du?"
Schnell streckt erst ihren rechten Fühler, dann ihren linken Fühler aus. Verschwommen durch die Tränen sieht sie eine kleine Gestalt vor sich.
„Mein Schneckenhaus wurde geklaut." Schnell schluchzt laut auf. Dann schaut sie auf und blinzelt. Vor ihr steht eine Spinne, die nicht viel größer als sie selbst ist. Doch etwas stimmt mit der Spinne nicht. Sie sieht anders aus als die Spinnen, die Schnell bisher kennengelernt hat.
„Wer bist du?", fragt sie neugierig.
„Ich bin eine Spinne. Als ich klein war, wurde mir bei einem Unfall ein Bein ausgerissen. Seitdem habe ich dieses Holzbein." Die Spinne klopft mit ihrem Holzbein auf den Waldboden. „Aber ich bin trotzdem eine ganz normale Spinne", betont sie und fügt traurig hinzu: „Auch wenn keine Spinne mit mir spielen möchte. Soll ich dir helfen, dein Schneckenhaus zu suchen?"
Schnell nickt begeistert: „Oh ja, gerne. Weißt du, obwohl Schnecken langsam sind, bin ich noch langsamer als alle anderen Schnecken. Deshalb hat man mir den Spitznamen ‚Schnell' gegeben. Auch mit mir möchte niemand spielen. Dabei bin ich doch eigentlich eine ganz normale Schnecke."
Die Spinne nickt verständnisvoll: „Ich verstehe dich." Dann fragt sie: „Wie sieht dein Schneckenhaus aus und wie groß ist es?"
„Es ist ganz bunt und in etwa so groß wie der Tannenzapfen dort hinten." Schnell zeigt mit ihrem Fühler auf einen Tannenzapfen, der nicht weit entfernt auf dem Boden liegt. Die Spinne reckt sich, um den Tannenzapfen zu sehen.
„Weißt du was? Vorhin habe ich hier seltsame Spuren auf dem Boden gesehen und hatte mich schon gewundert. Durch den Regen der letzten Tage ist der Boden so matschig, dass ich mich gefragt habe, welches Tier solche Spuren hinterlässt. Jetzt wird mir einiges klar. Die Spuren stammen von dem Dieb. Sieh dir das mal an." Die Spinne zeigt auf ein paar Spuren im Schlamm. „Das sieht doch so aus, als hätte jemand auf vier kleinen Pfoten etwas vor sich hergeschoben."
Und tatsächlich – Schnell kann kleine Abdrücke im Schlamm erkennen. Dazwischen sieht sie eine gleichmäßige gerade Spur. Ist das der Abdruck ihres Schneckenhauses?
„Lass uns zusammen einen Dieb auf vier Pfoten suchen", ruft Schnell aufgeregt. Damit die beiden schneller vorankommen, klettert Schnell auf den Rücken der Spinne und hält sich dort fest. Sie machen sich zusammen auf den Weg, um die Spur zu verfolgen.
Und so suchen Schnell, die Schnecke, die kein Schneckenhaus mehr hat, und eine Spinne, die nicht richtig laufen kann, gemeinsam den Dieb, der das Schneckenhaus geklaut hat.

Kapitel 1: Arbeitsmaterial

Hier siehst du Schnell, die Schnecke, mit ihrem wunderschönen Schneckenhaus. Wie könnte es aussehen?
Male das Schneckenhaus aus.

Kapitel 1: Arbeitsmaterial

Wer könnte der Dieb sein?

_____

Fülle die Lücken.

Schnell, die _____ 🐌, trifft die _____ 🕷.

„Guten Tag, _____ 🕷", sagt Schnell, die _____ 🐌.

„Hast du mein _____ 🏠 gesehen?"

„Nein, aber ich habe Spuren im Schlamm gesehen", antwortet

die _____ 🕷.

🐚 **Tipp:** Schnecke, Spinne, Haus

Was kannst du der 🐌 sagen, um sie zu trösten?

_____

_____

Mache der 🕷 ein Kompliment.

Du kannst gut _____.

Erzähle die Geschichte weiter und male ein Bild dazu.

Kapitel 1: Arbeitsmaterial

Wer könnte der Dieb sein?

_____

Fülle die Lücken.

Schnell, die _____, trifft die _____.

„Guten Tag, _____", sagt Schnell, die _____.

„Hast du mein _____ gesehen?"

„Nein, aber ich habe Spuren im Schlamm gesehen", antwortet

die _____.

Was kannst du der Schnecke sagen, um sie zu trösten?

_____

_____

Mache der Spinne ein Kompliment.

_____

Schreibe die Geschichte weiter.

_____

_____

_____

_____

_____

_____

Kapitel 2: Geschichte

„Was ist das?" Schnell schüttelt sich. In regelmäßigen Abständen fällt ihr etwas auf den Kopf. Schnell und die Spinne ruhen sich gerade unter einem Baum aus. Die Spinne blickt Schnell fragend an.

„Ich glaube, jemand bespuckt mich. Hier liegen überall angeknabberte Nüsse", bemerkt Schnell. Beide blicken nach oben. Dort sitzt ein Eichhörnchen auf einem Ast und schaut sie neugierig an.

„Wasch mascht ihr denn da?", fragt das Eichhörnchen. „Ihr schaut scho traurig ausch."

„Mein wunderschönes Schneckenhaus wurde geklaut und nun versuchen die Spinne und ich, den Dieb zu finden", ruft Schnell.

„Kann isch eusch helfen?", fragt das Eichhörnchen.

„Klar, kannst du uns helfen. Aber warum sprichst du so komisch? Hast du etwa noch Nüsse im Mund?" fragt Schnell neugierig.

„Nein, schön wäre esch. Isch habe einen angeborenen Schpraschfehler. Deschhalb möschte ausch niemand mit mir schpielen. Dabei bin isch dosch ein normalesch Eischhörnschen. Isch kann wie alle anderen von einem Ascht zum anderen schpringen. Scholl isch mal schauen, ob isch oben vom Baum etwasch erkennen kann? Kommt, klettert auf meinen Rücken, dann können wir gemeinscham schauen."

Das Eichhörnchen springt vom Baum zu Schnell und der Spinne hinunter auf den Waldboden. Die Spinne klettert zuerst auf den Rücken des Eichhörnchens und zieht Schnell an ihrem Holzbein hoch.

„Haltet eusch gut fescht, esch geht losch auf den Baum", ruft das Eichhörnchen und ehe sich die beiden versehen, klettert das Eichhörnchen mit einer wahnsinnigen Geschwindigkeit den Baum wieder hinauf. Auf dem höchsten Ast stoppt das Eichhörnchen. Der Ast wippt bedenklich. Schnell traut ihren Augen nicht. Noch nie ist sie so hoch oben auf einem Baum gewesen. Noch nie hat sie die Welt von so weit oben überblicken können.

„Ist das schön hier. Du hast es gut, dass du so schnell von einem Ort zum anderen wechseln kannst. Bei mir würde es Tage, wenn nicht sogar Wochen dauern, bis ich oben auf einem Baum wäre", beneidet Schnell das Eichhörnchen.

Die Spinne unterbricht: „Wir sind doch hier oben, um nach deinem Schneckenhaus zu suchen. Also müssen wir uns umsehen, ob wir etwas Verdächtiges entdecken. Was meinst du, Eichhörnchen: Ist hier irgendetwas anders als sonst?"

„Allesch beim Alten." Das Eichhörnchen blickt sich um. Auf einmal aber weiten sich seine Augen. „Was siehst du?", fragt Schnell aufgeregt.

„Dort hinten. Scheht ihr die braune Schpur auf der Weide? Die war geschtern nosch nischt da."

„So etwas habe ich schon mal gesehen. Die Spur könnte von einem Maulwurf sein. Vielleicht sollten wir ihn fragen, ob er etwas gemerkt hat", stellt Schnell fest.

„Gute Idee. Haltet eusch fescht, esch geht wieder bergab. Isch werde eusch helfen, den Dieb zu fangen", ruft das Eichhörnchen aufgeregt. Es ist stolz, den anderen helfen zu können.

Und so suchen Schnell, die Schnecke, die kein Schneckenhaus mehr hat, eine Spinne, die nicht richtig laufen kann, und ein Eichhörnchen, das nicht richtig sprechen kann, gemeinsam den Dieb, der das Schneckenhaus geklaut hat.

Kapitel 2: Arbeitsmaterial

Wer könnte der Dieb sein?

_____

Fülle die Lücken.

Schnell, die _____, trifft das _____.

„Guten Tag, _____", sagt Schnell,

die _____. „Hast du mein _____ gesehen?"

„Nein, aber ich sehe eine braune Spur", antwortet das

_____.

Tipp: Schnecke, Eichhörnchen, Haus

Mache dem 🐿 ein Kompliment.

Du kannst gut _____.

Erzähle die Geschichte weiter und male ein Bild dazu.

Kapitel 2: Arbeitsmaterial

Wer könnte der Dieb sein?

_____

Fülle die Lücken.

Schnell, die _____, trifft das _____.

„Guten Tag, _____", sagt Schnell,

die _____. „Hast du mein _____ gesehen?"

„Nein, aber ich sehe eine braune Spur", antwortet das

_____.

Mache dem Eichhörnchen ein Kompliment.

_____

Schreibe die Geschichte weiter.

_____
_____
_____
_____
_____
_____
_____
_____
_____

Kapitel 3: Geschichte

„Wer schmeißt denn hier die ganze Zeit mit Erde?" Schnell schaut sich verärgert um. Kaum, dass sie wieder auf dem Boden sitzt, wird sie ununterbrochen mit Erde beworfen. Die Spinne und das Eichhörnchen blicken sich um.

Da! Schon wieder kommt in hohem Bogen ein Häufchen Erde angeflogen. Die drei schauen in dieselbe Richtung. Die Erde kommt aus dem Erdhaufen, in dem sie den Maulwurf vermuten. Und tatsächlich: Es dauert nicht lange, da schaut ein spitzes, schwarzes Gesicht aus dem Erdhaufen heraus.

„Oh, Entschuldigung, falls ich euch mit der Erde getroffen habe. Ich kann nicht so gut graben, weil meine linke Grabschaufel viel kleiner als meine rechte Grabschaufel ist. Dadurch fliegt die Erde immer unkontrolliert in alle Richtungen." Der Maulwurf schaut betroffen auf die Schnecke, die fast vollständig mit Erde bedeckt ist.

„Nicht so schlimm", beruhigt Schnell den Maulwurf. Das Eichhörnchen wischt Schnell mit seinem buschigen Schwanz die Erde vom Körper.

„Wisst ihr, weil ich so schlecht graben kann, möchte niemand etwas mit mir zu tun haben, denn die anderen Maulwürfe werden immer zu dreckig, wenn sie mit mir unterwegs sind. Dabei bin ich doch eigentlich ein ganz normaler Maulwurf." Der Maulwurf, der nicht richtig graben kann, blickt sich traurig um.

„Hauptsache ist doch, dass du überhaupt graben kannst", ermutigt die Spinne den Maulwurf.

„Eigentlich kann ich wie ein Weltmeister graben, nur leider haben meine Tunnel immer einen Knick, weil ich links weniger Erde wegschaufeln kann. Deshalb grabe ich im Kreis, wenn ich nicht aufpasse. Aber ihr seht auch nicht so glücklich aus. Was ist denn bei euch los? Ihr seid doch nicht so unglücklich, weil ihr Erde von mir abbekommen habt, oder?"

„Nein, nein", beruhigt Schnell den Maulwurf und erzählt ihre Geschichte vom geklauten Schneckenhaus.

„Vielleicht kann ich euch helfen", sagt der Maulwurf. „Wisst ihr, gestern Abend habe ich eine dunkle Gestalt beobachtet, die etwas vor sich her rollte. Ich konnte zwar nicht genau erkennen, was es war, aber es könnte gut dein Schneckenhaus gewesen sein."

„Hast du die Gestalt erkannt? Wer war es?", fragt Schnell aufgeregt.

„Leider konnte ich nichts Genaues erkennen. Nur, dass die Gestalt ungefähr so groß war wie das Eichhörnchen. Es könnte praktisch jeder hier aus dem Wald gewesen sein." Der Maulwurf schüttelt ratlos den Kopf. „Aber ich kann euch gerne bei der weiteren Suche behilflich sein. Lasst uns weiter in den Wald in Richtung des kleinen Sees gehen. Ich glaube, die Gestalt hat auch diesen Weg genommen." Schnell, die Spinne und das Eichhörnchen sind begeistert.

„Dann lasst uns zusammen den Dieb suchen! Wir wissen jetzt, dass er vier Pfoten hat und in etwa so groß wie das Eichhörnchen ist. Wer mag das nur sein?", ruft Schnell aufgeregt.

Damit sie etwas zügiger vorankommen, hebt der Maulwurf Schnell auf den Rücken des Eichhörnchens und die Spinne klettert auf den Rücken des Maulwurfs. Der Maulwurf ist sehr stolz, den anderen helfen zu können.

Und so suchen Schnell, die Schnecke, die kein Schneckenhaus mehr hat, eine Spinne, die nicht richtig laufen kann, ein Eichhörnchen, das nicht richtig sprechen kann, und ein Maulwurf, der nicht richtig graben kann, gemeinsam den Dieb, der das Schneckenhaus geklaut hat.

Kapitel 3: Arbeitsmaterial

Wer könnte der Dieb sein?

_____

Fülle die Lücken.

Schnell, die _____ 🐌, trifft den _____ 🐿.

„Guten Tag, _____ 🐿", sagt Schnell,

die _____ 🐌.

„Hast du mein _____ 🏠 gesehen?"

„Nein, aber ich habe jemanden gesehen, der so groß wie ein

Eichhörnchen ist", antwortet der _____ 🐿.

🐚 **Tipp:** Schnecke, Maulwurf, Haus

Mache dem 🐿 ein Kompliment.

Du kannst gut _____.

Erzähle die Geschichte weiter und male ein Bild dazu.

Kapitel 3: Arbeitsmaterial

Wer könnte der Dieb sein?

_____

Fülle die Lücken.

Schnell, die _____ 🐌, trifft den _____ .

„Guten Tag, _____ ", sagt Schnell,

die _____ 🐌.

„Hast du mein _____ 🏠 gesehen?"

„Nein, aber ich habe jemanden gesehen, der so groß wie ein

Eichhörnchen ist", antwortet der _____ .

Mache dem Maulwurf ein Kompliment.

_____

Schreibe die Geschichte weiter. ✏️

_____

_____

_____

_____

_____

_____

_____

Kapitel 4: Geschichte

„Aua, wer kneift mich denn da die ganze Zeit?" Schnell blickt sich um. Mitten auf dem Waldweg steht eine Ente vor ihr, die sie während einer Pause zwickt.
„Willst du mich etwa fressen?", fragt Schnell böse, obwohl sie vor Angst zittert.
„Keine Panik, ich werde dich nicht fressen", beruhigt die Ente die kleine Schnecke. „Ich wollte nur mal schauen, was ihr hier so macht."
„Wir sind auf der Suche nach meinem geklauten Schneckenhaus", erklärt Schnell mutig, denn hinter ihr schauen mittlerweile die Spinne, das Eichhörnchen und der Maulwurf neugierig auf die Ente. Schnell fühlt sich sicher und ist stolz auf ihre neuen Freunde.
„Oh, das hört sich nach einem Abenteuer an! Vielleicht kann ich euch helfen", bietet die Ente freundlich an.
„Aber sicher, wir können jeden gebrauchen. Vielleicht brauchen wir auch jemanden, der uns sicher über den See bringen kann", freut sich Schnell.
Doch da blickt die Ente traurig zu Boden. „Wisst ihr", sagt sie leise, „ich habe ein großes Problem. Ich kann nämlich nicht schwimmen. Deshalb möchte auch niemand etwas mit mir zu tun haben. Eine Ente, die nicht schwimmen kann, möchte niemand zum Freund haben. Dabei bin ich doch eigentlich eine ganz normale Ente." Betroffen schauen die vier Tiere die Ente an.
„Ach, das macht doch nichts", findet der Maulwurf. „Dann passt du prima zu uns, denn Schnell hat kein Schneckenhaus mehr, die Spinne hat ein Holzbein, das Eichhörnchen hat einen Sprachfehler, ich kann keine geraden Tunnel graben und du kannst halt nicht schwimmen. Das ist doch nicht schlimm."
Die Ente lächelt. „Also gut, dann lasst uns das Abenteuer gemeinsam angehen. Was habt ihr denn bisher herausgefunden?"
„Leider nischt schehr viel, auscher dasch der Dieb in etwa scho grosch wie isch ischt und vier Pfoten hat", erklärt das Eichhörnchen aufgeregt.
„Wie sieht dein Schneckenhaus denn aus? Ist es in Regenbogenfarben gestrichen und überall mit funkelnden Steinen besetzt?", fragt die Ente neugierig.
„Ja, genauso sieht es aus. Hast du es etwa gesehen?" Schnell wird unruhig.
„Ich glaube, dass ich es gesehen habe. Gestern Abend, als ich mich im Schilf zum Schlafen hinlegte, lag es am Rand des kleinen Sees. Ich hatte mich schon gewundert, warum jemand ein so schönes Schneckenhaus alleine herumliegen lässt. Aber auf die Idee, dass es geklaut sein könnte, bin ich natürlich nicht gekommen. Heute Morgen war es aber auch schon wieder weg." Die Ente sieht die anderen an.
„Dann war es also ganz hier in der Nähe. Und der, der das Schneckenhaus geklaut hat, könnte hier wohnen. Er mag also Wasser. Damit kommen wir der Sache schon näher", stellt die Spinne mit ernster Stimme fest. „Also suchen wir am besten das Ufer des Sees ab." Die anderen nicken.
„Dann lasst uns den Dieb suchen. Er ist etwa so groß wie das Eichhörnchen, hat vier Pfoten und mag wahrscheinlich Wasser. Wer mag das nur sein?", ruft Schnell aufgeregt.
Der Maulwurf hebt die Schnecke wieder auf den Rücken des Eichhörnchens. Dann klettert die Spinne auf den Rücken des Maulwurfs. Die Ente läuft vorweg, um ihnen den Weg zum See zu zeigen. Die Ente ist sehr stolz, dass sie den anderen helfen kann.
Und so suchen Schnell, die Schnecke, die kein Schneckenhaus mehr hat, eine Spinne, die nicht richtig laufen kann, ein Eichhörnchen, das nicht richtig sprechen kann, ein Maulwurf, der nicht richtig graben kann, und eine Ente, die nicht schwimmen kann, gemeinsam den Dieb, der das Schneckenhaus geklaut hat.

Kapitel 4: Arbeitsmaterial

Wer könnte der Dieb sein?

_____

Fülle die Lücken.

Schnell, die _____, trifft die _____.

„Guten Tag, _____", sagt Schnell, die _____.

„Hast du mein _____ gesehen?"

„Ja, ich habe es am Wasser liegen gesehen, aber jetzt ist es weg",

antwortet die _____.

Tipp: Schnecke, Ente, Haus

Mache der 🦆 ein Kompliment.

Du kannst gut _____.

Erzähle die Geschichte weiter und male ein Bild dazu.

Kapitel 4: Arbeitsmaterial

Wer könnte der Dieb sein?

_____

Fülle die Lücken.

Schnell, die _____ 🐌, trifft die _____ 🦆.

„Guten Tag, _____ 🦆", sagt Schnell, die _____ 🐌.

„Hast du mein _____ 🏠 gesehen?"

„Ja, ich habe es am Wasser liegen gesehen, aber jetzt ist es weg",

antwortet die _____ 🦆.

Mache der Ente ein Kompliment.

_____

Schreibe die Geschichte weiter. ✏️

_____

_____

_____

_____

_____

_____

_____

_____

Kapitel 5: Geschichte

„Hatschi!" Schnell muss laut niesen. Irgendetwas kitzelt ihre Nase. Die kleine Gruppe hat eine kurze Pause am See eingelegt und alle sind erschöpft eingeschlafen. Schnell öffnet die Augen, um zu sehen, wieso sie zum dritten Mal niesen muss. Und da sieht sie es: Jemand kitzelt sie mit einer langen Feder an der Nase.
„Was soll das?", fragt Schnell. Vor ihr steht ein schwarzer Vogel. Es ist eine Amsel.
„Willst du mich etwa fressen?" Schnell bekommt Angst.
„Nein, natürlich nicht. Ich bin nur neugierig, was ihr hier macht." Die Schnecke atmet erleichtert auf.
„Wir suchen mein Schneckenhaus. Es wurde geklaut." Wieder erzählt Schnell ihre Geschichte vom geklauten Schneckenhaus.
„Oh, das klingt ja spannend", schwärmt die Amsel. „Ich bin ein wenig einsam, denn ich kann nicht fliegen. Das heißt, vielleicht könnte ich es schon, aber ich habe solche Höhenangst. Deshalb traue ich mich nicht einmal auf einen Baum. Alle anderen Amseln nennen mich daher einen Angsthasen und wollen nichts mit mir zu tun haben. Dabei bin ich doch eigentlich eine ganz normale Amsel. Ich würde so gerne ein Abenteuer erleben! Vielleicht kann ich euch ja helfen." Die anderen Tiere sind mittlerweile aufgewacht und nicken zustimmend.
„Natürlisch kannscht du unsch helfen", sagt das Eichhörnchen und klatscht begeistert in die Pfoten. Die Amsel holt tief Luft: „Wisst ihr, ich muss mich abends immer auf dem Boden oder in irgendwelchen Büschen verstecken, damit ich in Ruhe schlafen kann. Ich schlafe ja nicht wie die anderen Vögel auf Bäumen. Heute Nacht konnte ich nicht schlafen und da habe ich tatsächlich von meinem Versteck aus etwas Merkwürdiges gesehen", berichtet die Amsel aufgeregt. „Da war ein stark behaartes Tier. Viel konnte ich nicht erkennen, nur, dass es kurzes Fell hatte. Und jetzt kommt's: Ich bin mir ziemlich sicher, dass es ein Schneckenhaus vor sich her gerollt hat!"
Die anderen staunen. Schnell findet als Erste die Sprache wieder: „War es ein buntes Schneckenhaus? Vielleicht das schönste, das du jemals gesehen hast?"
„Zu der Farbe kann ich leider nichts sagen", antwortet die Amsel. „Es war zu dunkel, deshalb konnte ich nichts erkennen. Aber wer rollt schon nachts ein Schneckenhaus vor sich her?"
„Weißt du, wohin der Räuber mit meinem Schneckenhaus unterwegs war?", fragt Schnell. „Genau kann ich das nicht sagen, aber ich glaube, der Dieb war in Richtung des kleinen Eichenwäldchens, hier am See entlang, unterwegs." Die Amsel bewegt ihren Kopf nach links.
„Dann schlage ich vor, dass wir uns auf den Weg zu dem kleinen Wäldchen machen", sagt der Maulwurf und klatscht dabei in seine unterschiedlich großen Grabschaufeln. „Wir würden uns freuen, wenn du uns begleitest, liebe Amsel. Also suchen wir am besten ab hier das kleine Wäldchen ab."
„Fassen wir noch mal zusammen, was wir schon wissen", beginnt Schnell.
„Der Dieb ist so groß wie das Eichhörnchen, hat vier Pfoten, mag wahrscheinlich Wasser und hat kurzes Fell. Es kann außerdem gut sein, dass der Dieb nachts aktiv ist und tagsüber schläft. Wer mag das nur sein?"
Der Maulwurf hebt Schnell wieder auf den Rücken des Eichhörnchens. Dann klettert die Spinne auf den Rücken des Maulwurfs. Die Ente läuft zusammen mit der Amsel vorneweg in Richtung des kleinen Eichenwäldchens. Die Amsel ist sehr stolz, dass sie den anderen helfen kann.
Und so kommt es, dass Schnell, die Schnecke, die kein Schneckenhaus hat, eine Spinne, die nicht richtig laufen kann, ein Eichhörnchen, das nicht richtig sprechen kann, ein Maulwurf, der nicht geradeaus graben kann, eine Ente, die nicht schwimmen kann, und eine Amsel, die nicht fliegen kann, sich gemeinsam auf die Suche nach dem geklauten Schneckenhaus machen.

Kapitel 5: Arbeitsmaterial

Wer könnte der Dieb sein?

_____

Fülle die Lücken.

Schnell, die _____ 🐌, trifft die _____ 🐦.

„Guten Tag, _____ 🐦", sagt Schnell, die _____ 🐌.

„Hast du mein _____ 🏠 gesehen?"

„Jemand mit kurzem Fell hat ein Schneckenhaus vor sich her gerollt",

antwortet die _____ 🐦.

🐚 **Tipp:** Schnecke, Amsel, Haus

Mache der 🐦 **ein Kompliment.**

Du kannst gut _____ .

Erzähle die Geschichte weiter und male ein Bild dazu.

Kapitel 5: Arbeitsmaterial

Wer könnte der Dieb sein?

_____

Fülle die Lücken.

Schnell, die _____, trifft die _____ .

„Guten Tag, _____", sagt Schnell, die _____ .

„Hast du mein _____ gesehen?"

„Ich glaube, ich habe jemanden mit kurzem Fell gesehen, der dein Schneckenhaus

vor sich her gerollt hat", antwortet die _____ .

Mache der Amsel ein Kompliment.

_____

Schreibe die Geschichte weiter.

_____

_____

_____

_____

_____

_____

_____

_____

Kapitel 6: Geschichte

„Ich kann nichts mehr sehen!", schreit Schnell. „Alles ist dunkel!" Die Schnecke schüttelt ihren Kopf. Auf einmal sieht sie wieder alles klar und deutlich. Sie sitzt noch immer auf dem Rücken des Eichhörnchens und blickt in ein riesiges Auge. Das Auge zwinkert. Dann entfernt es sich und Schnell kann das gesamte Gesicht erkennen. Es ist ein Fuchs.

„Hey, du hast mir mit deinem Fell die Sicht versperrt", stellt Schnell böse fest.

„Oh, entschuldige, das wollte ich natürlich nicht." Der Fuchs schaut betroffen zu Boden. „Manchmal geht mein Temperament mit mir durch. Ich habe euch nicht kommen sehen. Aber ich schaue auch nie richtig hin. Die anderen halten mich deswegen für dumm. Sie sagen immer, ich kann nichts, versuche nichts und gebe immer zu schnell auf. Das kommt davon, dass ich mir nichts merken kann. Füchse sind normalerweise so schlau. Weil ich mir nichts merken kann, will niemand etwas mit mir zu tun haben. Dabei bin ich doch eigentlich ein ganz normaler Fuchs", erzählt er traurig.

„Ach was, es ist nicht schlimm, wenn du Probleme hast, dir etwas zu merken", versucht ihn die Spinne zu trösten. „Komm doch einfach mit uns. Schnell hat kein Schneckenhaus mehr, das Eichhörnchen kann nicht richtig sprechen, der Maulwurf kann nicht geradeaus graben, die Ente kann nicht schwimmen, die Amsel kann nicht fliegen und ich kann nicht richtig laufen. Also passt du prima in unsere Gruppe, wenn du dir nichts merken kannst."

„Das hört sich wirklich gut an." Der Fuchs grinst. „Aber was macht ihr eigentlich hier?"

Wieder erzählt Schnell ihre Geschichte. „Hast du vielleicht irgendetwas bemerkt?", fragt sie abschließend.

Der Fuchs überlegt lange. „Ich glaube, ich habe tatsächlich letzte Nacht jemanden gesehen, der ein Schneckenhaus vor sich her gerollt hat."

Die anderen machen große Augen.

„Alscho kannscht du dir ja dosch wasch merken!", ruft das Eichhörnchen und die Ente fragt weiter: „Wie sah dieser Jemand denn aus? Hatte der Dieb zufällig vier Pfoten, die Größe des Eichhörnchens und kurzes Fell?"

„Das kann gut sein", antwortet der Fuchs nachdenklich und setzt sich dabei auf den Waldboden, während er nervös mit dem Schwanz wippt. „Aber da war noch etwas, was ich gesehen habe. Aber was? Lasst mich einen Moment überlegen."

Niemand sagt ein Wort, während der Fuchs nachdenkt. Auf einmal ruft er in die Stille: „Jetzt weiß ich es! Der Dieb hatte einen Schwanz, aber nicht so einen schönen, wie ich ihn habe. Es war ein glatter Schwanz, ganz ohne Fell", fügt er schließlich hinzu. „Ich habe mich tatsächlich erinnert." Der Fuchs freut sich und die anderen klatschen.

„Also kann der Dieb noch nicht weit gekommen sein. Wir sind auf dem richtigen Weg und ihm richtig heiß auf den Fersen." Die Ente nickt zufrieden.

„Fassen wir noch mal zusammen, was wir bereits wissen", beginnt Schnell. „Der Dieb ist in etwa so groß wie das Eichhörnchen, hat vier Pfoten, mag wahrscheinlich Wasser, hat kurzes Fell, einen Schwanz ohne Fell und ist nachts aktiv. Wer mag das nur sein? Lasst uns den Dieb suchen!"

Der Maulwurf hebt Schnell wieder auf den Rücken des Eichhörnchens. Dann klettert die Spinne auf den Rücken des Maulwurfs. Die Ente läuft zusammen mit der Amsel vorneweg in das kleine Eichenwäldchen hinein. Der Fuchs läuft hinterher. Er ist so stolz, dass er sich an den Dieb erinnert hat.

Und so suchen Schnell, die Schnecke, die kein Schneckenhaus mehr hat, eine Spinne, die nicht richtig laufen kann, ein Eichhörnchen, das nicht richtig sprechen kann, ein Maulwurf, der nicht richtig graben kann, eine Ente, die nicht schwimmen kann, eine Amsel, die nicht fliegen kann, und ein Fuchs, der sich nichts merken kann, gemeinsam den Dieb, der das Schneckenhaus geklaut hat.

Kapitel 6: Arbeitsmaterial

Wer könnte der Dieb sein?

_____

Fülle die Lücken.

Schnell, die _____ , trifft den _____ .

„Guten Tag, _____ ", sagt Schnell,

die _____ .

„Hast du mein _____ gesehen?"

„Ja, der Dieb hat einen glatten Schwanz", antwortet der _____ .

Tipp: Schnecke, Fuchs, Haus

Mache dem 🦊 **ein Kompliment.**

Du kannst gut _____ .

Erzähle die Geschichte weiter und male ein Bild dazu.

Kapitel 6: Arbeitsmaterial

Wer könnte der Dieb sein?

_____

Fülle die Lücken.

Schnell, die _____, trifft den _____.

„Guten Tag, _____", sagt Schnell,

die _____.

„Hast du mein _____ gesehen?"

„Ja, der Dieb hat einen glatten Schwanz ganz ohne Fell",

antwortet der _____.

Mache dem Fuchs ein Kompliment.

_____

Schreibe die Geschichte weiter.

_____

_____

_____

_____

_____

_____

_____

Kapitel 7: Geschichte

„Etwas hat meinen Kopf gestreift!", schreit Schnell plötzlich, als die Freunde durch das kleine Eichenwäldchen laufen. „Was kann das nur gewesen sein?" Sie schaut sich um. Die anderen blicken Schnell an. „Alscho, isch habe nischtsch geschehen", sagt das Eichhörnchen. Auch die Spinne, der Maulwurf, die Ente, die Amsel und der Fuchs haben nichts bemerkt. „Da war es schon wieder." Schnell schaut sich um. Ein Eulenflügel hat die Schnecke am Kopf gestreift.
„He, was soll das?", ruft Schnell ärgerlich und blickt nach oben. Die Eule fliegt noch eine Runde und landet schließlich lautlos neben den Tieren.
„Entschuldige, ich wollte dich nicht erschrecken oder verärgern", sagt die Eule sofort.
„Nicht so schlimm. Ich habe mich ja gar nicht erschrocken", sagt Schnell versöhnlich.
„Was macht ihr hier?" Die Eule ist sehr neugierig. Schnell erzählt wieder ihre Geschichte.
„Dein Schneckenhaus wurde geklaut?" Die Eule schüttelt ihren Kopf. „Wer macht denn so etwas? Habt ihr schon eine heiße Spur?", fragt sie weiter.
„Wir wissen, dass der Räuber in etwa so groß wie das Eichhörnchen ist, vier Pfoten, kurzes Fell und einen Schwanz ohne Fell hat. Wahrscheinlich mag das Tier Wasser und ist nachts wach. Das ist alles, was wir bisher herausfinden konnten", erzählt die Spinne.
„Vielleicht kannst du uns helfen." Die Tiere blicken die Eule an. „Ich möchte euch gerne helfen. Wisst ihr, ich habe ein kleines Problem: Seit ich auf der Welt bin, habe ich im Dunkeln Angst. Das hört sich blöd an, denn wir Eulen sind ja nachts wach und schlafen tagsüber. Aber ich traue mich nachts im Dunkeln einfach nicht aus meiner Baumhöhle heraus. Deshalb versuche ich, nachts zu schlafen und fliege tagsüber umher. Daher habe ich leider keine Freunde. Die anderen Eulen machen sich über mich lustig und niemand will etwas mit mir zu tun haben. Dabei bin ich doch eigentlich eine ganz normale Eule! Wenn ihr wollt, begleite ich euch. Vielleicht kann ich ja aus der Luft etwas für euch herausfinden. Wenn es hell ist, bin ich nämlich sehr mutig."
„Dann schließ' dich uns an", meint die Ente.
„Vielleicht kann ich euch sogar jetzt schon helfen. Heute in der Morgendämmerung habe ich etwas Merkwürdiges beobachtet. Ich saß oben in meiner Baumhöhle und war gerade aufgewacht. Da hörte ich jemanden an meinem Baum nagen. Als ich herunterschaute, sah ich ein Tier, auf das eure Beschreibung passen könnte. Das Tier nagte am Stamm meines Baumes. Seht mal", zeigt die Eule mit ihrem Flügel auf den Baumstamm. „Hier sieht man deutliche Spuren von Nagezähnen."
„Also muss unser Räuber auch scharfe Zähne haben. Aber schaut euch mal die Nagespuren genau an. Irgendetwas ist merkwürdig daran. Ich weiß nur nicht genau, was es ist", stellt die Ente fest.
„Die Spuren sehen anders aus als normale Nagespuren."
„Lasst uns den Wald weiter absuchen. Der Dieb wird mit dem geklauten Schneckenhaus bestimmt nicht so weit gekommen sein", schlägt die Eule vor.
„Wir suchen den Dieb gemeinsam", sagt Schnell. „Fassen wir noch mal zusammen, was wir bereits wissen: Der Dieb ist so groß wie das Eichhörnchen, hat vier Pfoten, kurzes Fell, einen Schwanz ohne Fell und Nagezähne. Er mag wahrscheinlich Wasser und ist nachts aktiv. Wer mag das nur sein?"
Der Maulwurf hebt Schnell wieder auf den Rücken des Eichhörnchens. Dann klettert die Spinne auf den Rücken des Maulwurfs. Die Ente läuft zusammen mit der Amsel vorneweg weiter in das Eichenwäldchen hinein und der Fuchs folgt ihnen. Die Eule fliegt dicht über der kleinen Gruppe und ist stolz, dass sie den anderen helfen kann.
Und so suchen Schnell, die Schnecke, die kein Schneckenhaus mehr hat, eine Spinne, die nicht richtig laufen kann, ein Eichhörnchen, das nicht richtig sprechen kann, ein Maulwurf, der nicht richtig graben kann, eine Ente, die nicht schwimmen kann, eine Amsel, die nicht fliegen kann, ein Fuchs, der sich nichts merken kann, und eine Eule, die sich nachts fürchtet, gemeinsam den Dieb, der das Schneckenhaus geklaut hat.

Kapitel 7: Arbeitsmaterial

Wer könnte der Dieb sein?

_____

Fülle die Lücken.

Schnell, die _____, trifft die _____.

„Guten Tag, _____", sagt Schnell, die _____.

„Hast du mein _____ gesehen?"

„Nein, aber der Dieb hat scharfe Nagezähne", antwortet die _____.

Tipp: Schnecke, Eule, Haus

Mache der 🦉 ein Kompliment.

Du kannst gut _____.

Erzähle die Geschichte weiter und male ein Bild dazu.

Kapitel 7: Arbeitsmaterial

Wer könnte der Dieb sein?

_____

Fülle die Lücken.

Schnell, die _____ 🐌, trifft die _____ 🦉.

„Guten Tag, _____ 🦉", sagt Schnell, die _____ 🐌.

„Hast du mein _____ 🏠 gesehen?"

„Nein, aber der Dieb hat scharfe Nagezähne", antwortet die _____ 🦉.

„Er hat meinen Baum angenagt."

Mache der Eule ein Kompliment.

_____

Schreibe die Geschichte weiter. ✏️

_____
_____
_____
_____
_____
_____
_____
_____
_____

Kapitel 8: Geschichte

„Hört ihr das?", ruft Schnell. Die Ente und die Amsel bleiben plötzlich stehen. „Das stimmt. Hier kratzt doch etwas", stellt die Ente fest.

„Ihr wartet hier und ich fliege leise voraus. Vielleicht kann ich ja etwas erkennen", ruft die Eule. Schon fliegt sie lautlos los. Das Warten kommt den anderen wie eine Ewigkeit vor. Sie sind so leise, dass sie immer wieder die Kratzgeräusche hören, die ganz aus der Nähe kommen. Plötzlich landet die Eule wie aus dem Nichts wieder neben den Tieren.

„Wahnsinn, wie leise du fliegen kannst. Ich habe einen ganz schönen Schreck bekommen." Schnell ist tief beeindruckt. „Was hast du herausgefunden?", fragt sie neugierig.

„Ihr werdet nicht glauben, was ich gesehen habe! Ganz in der Nähe ist ein großer Baum. Unten an der Baumwurzel sitzt ein Tier und nagt daran. Und jetzt haltet euch fest: Davor liegt tatsächlich dein tolles Schneckenhaus, Schnell!" Die Eule ist furchtbar aufgeregt.

„Wirklich? Du hast mein schönes, buntes Schneckenhaus gesehen?" Schnell ist außer sich vor Freude. „Dann nichts wie hin, Freunde. Lasst uns mein Schneckenhaus zurückholen!"

„Langsam, langsam, Schnell. Du weißt doch gar nicht, ob das Tier gefährlich ist. Wir sollten uns lieber einen Plan überlegen, wie wir dein Schneckenhaus zurückholen können, ohne dass es für uns gefährlich wird", schlägt der Fuchs vor.

Nach einer kurzen Pause fragt die Eule: „Wollt ihr denn überhaupt nicht wissen, wer das Schneckenhaus geklaut hat?"

„Oh doch, natürlich wollen wir das wissen", ruft Schnell aufgeregt.

„Also, wer ist so groß wie das Eichhörnchen, hat vier Pfoten, kurzes Fell, einen nackten Schwanz, große Nagezähne, mag Wasser und ist nachts aktiv? Außerdem habe ich gesehen, dass es ein spitzes Schnäuzchen hat."

Kapitel 8: Arbeitsmaterial

Wer könnte der Dieb sein?

Male den Dieb.

Der Dieb hat 4 Pfoten, kurzes Fell, einen Schwanz, Nagezähne, ein spitzes Schnäuzchen und ist so groß wie das Eichhörnchen.

★ WANTED ★

Erzähle die Geschichte weiter und male ein Bild dazu.

Kapitel 8: Arbeitsmaterial

Wer könnte der Dieb sein?

_____

Male den Dieb.

Der Dieb hat 4 Pfoten, kurzes Fell, einen Schwanz, Nagezähne, ein spitzes Schnäuzchen und ist so groß wie das Eichhörnchen.

★ WANTED ★

Schreibe die Geschichte weiter.

_____
_____
_____
_____
_____

Kapitel 9: Geschichte

Schnell und die anderen überlegen angestrengt. Plötzlich ruft die Ente: „Das kann nur eine Ratte sein!"

„Na klar, wieso sind wir nicht früher darauf gekommen?" Die Amsel schüttelt verwundert den Kopf.

„Wie sieht denn jetzt unser Plan aus?" Der Maulwurf möchte keine Zeit verlieren.

„Was haltet ihr davon: Ich schleiche mich langsam von vorne an. Dann spinne ich so schnell ich kann zwischen die Wurzeln ein dichtes Spinnennetz. Natürlich soll die Ratte das nicht mitbekommen. Dann erschrecken wir sie so sehr, dass sie fliehen will und direkt in mein Spinnennetz läuft. Dort wird sie sich so heftig verfangen, dass wir ihr das Schneckenhaus wegnehmen können", schlägt die Spinne grinsend vor. „Ich brauche nur Rückendeckung von euch."

„Isch werde von Baum zu Baum schpringen, denn schpringen kann isch gut. Oben vom Ascht ausch werde isch dasch Tier beobachten." Das Eichhörnchen hebt die Pfote und gibt sich kämpferisch.

„Ich grabe mich unter der Erde an das Ungeheuer heran und versuche, kurz vor dem Baum wieder an die Luft zu kommen", plant der Maulwurf.

„Ich werde mich mit Schnell auf dem Rücken hinter dem nächsten Baum verstecken und euch zu Hilfe kommen, wenn es gefährlich wird. Ich kann mit meinem Schnabel heftig zwicken, falls ihr angegriffen werdet", erklärt die Ente.

„Ich warte neben der Ente und werde die Ratte notfalls kräftig beißen. Die Ente muss mich nur daran erinnern." Der Fuchs zeigt seine spitzen Zähne.

„Ich verstecke mich auch. Und falls die Ratte es doch irgendwie schafft zu fliehen, stellen wir uns ihr in den Weg. Ich kann auch picken, dass es wehtut", sagt die Amsel aufgeregt.

„Ich werde euch den Weg zeigen und ganz nah bei der Ratte landen. Ich kann so lautlos fliegen und landen, dass sie mich nicht bemerken wird", meint die Eule.

„Isch lenke die Ratte ab, indem isch ihr Nüssche vom Baum ausch an den Kopf werfe. Isch kann gut werfen", sagt das Eichhörnchen stolz. „In der Zeit müscht ihr dann verschuchen, an dasch Schneckenhausch zu kommen."

„Alles klar!" Der Maulwurf hebt Schnell auf den Rücken der Ente. „Holen wir uns das Schneckenhaus zurück!"

Kapitel 9: Arbeitsmaterial

Wie sieht der Plan der Tiere aus?

Die _____ spinnt ein Netz.

Das _____ wirft Nüsse.

Der _____ gräbt einen Tunnel.

Der _____ beißt notfalls die _____.

Die _____ pickt die _____

notfalls mit ihrem Schnabel.

Die _____ erkundet lautlos den Weg.

Die _____ und die _____ verstecken sich.

Tipp: Spinne, Eichhörnchen, Maulwurf, Fuchs, Ratte, Amsel, Eule, Schnecke, Ente

Erzähle die Geschichte weiter und male ein Bild dazu.

Kapitel 9: Arbeitsmaterial

Wie sieht der Plan der Tiere aus?

Die _____ spinnt ein Netz.

Das _____ wirft Nüsse.

Der _____ gräbt einen Tunnel.

Der _____ beißt notfalls die _____.

Die _____ pickt die _____

notfalls mit ihrem Schnabel.

Die _____ erkundet lautlos den Weg.

Die _____ und die _____ verstecken sich.

Schreibe die Geschichte weiter.

_____
_____
_____
_____
_____
_____
_____
_____
_____

Kapitel 10: Geschichte

Die Spinne läuft vorweg. Leise schleicht sie zu der Baumwurzel, neben der die Ratte es sich gemütlich gemacht hat. Sie hat ihren Kopf zwischen die Pfoten gelegt und schläft. Neben ihr liegt das wunderschöne Schneckenhaus.

„Gut, dass die Ratte schläft", freut sich die Spinne. Kaum hat sie die Wurzel erreicht, beginnt sie, blitzschnell ihr Netz von einer Wurzel zur anderen Wurzel zu spinnen. In der Zwischenzeit verstecken sich die Ente, Schnell und der Fuchs hinter dem nächsten Baum. Die Amsel folgt ihnen. Sie verschanzt sich hinter einem großen Stein.

Etwa zur selben Zeit bewegt sich eine Menge Erde und der Maulwurf schaut aus seinem neuen Maulwurfshügel hervor. Er hat es geschafft, seinen Tunnel so zu graben, dass er neben dem Baum endet. Die Eule landet geräuschlos neben der schlafenden Ratte. Auch das Eichhörnchen hat seine Position auf dem Baum eingenommen. Als die Spinne mit ihrem Spinnennetz zufrieden ist, winkt sie mit ihrem Holzbein. Das ist das vereinbarte Startzeichen für das Eichhörnchen. Schon fliegt die erste Nuss und trifft die Ratte mitten auf die Stirn. Sie öffnet verschlafen die Augen, schaut sich um und sieht die Nuss auf der Erde liegen. Noch immer müde schließt sie wieder die Augen und legt ihren Kopf zurück auf die Pfoten. Sofort kommt die nächste Nuss geflogen. Das Eichhörnchen kann wirklich sehr gut werfen. Wieder trifft die Nuss die Stirn der Ratte. Diesmal schaut sich die Ratte ärgerlich um.

„Wer wirft hier denn ständig mit Nüssen?", ruft sie wütend. Noch während sie sich umschaut, kommt schon die nächste Nuss geflogen. Diesmal sieht die Ratte nach oben und erkennt das Eichhörnchen. „Na warte, wenn ich dich erwische", schreit sie und rennt wütend los – mitten hinein in das Spinnennetz. Das Netz verfängt sich in ihrem Fell, in ihrem Gesicht und in ihren Augen. Je mehr sie sich dreht, desto mehr verheddert sie sich im Netz. Am Ende kann die Ratte nichts mehr sehen und sich nicht mehr bewegen. Entkräftet fällt sie schließlich zu Boden.

Daraufhin schnappt der Maulwurf sich das wertvolle Schneckenhaus und bringt es sofort in seinem unterirdischen Gang in Sicherheit. Dann krabbelt er zurück und setzt sich auf seinen Maulwurfshügel. Die Ratte kämpft noch immer mit dem Spinnennetz. Sie versucht, es mit ihren Pfoten zu entfernen. Schließlich gelingt es ihr. Sie setzt sich erschöpft auf ihre Hinterpfoten und blickt sich um.

„Was soll das?", fragt sie wütend. Gemeinsam treten die Tiere aus ihren Verstecken hervor.

Kapitel 10: Arbeitsmaterial

Wie fühlt sich die 🐭, als die anderen Tiere gemeinsam vor ihr stehen?

Kreise ein.

traurig	einsam	glücklich
klug	sicher	geliebt
schön	hübsch	reich
fröhlich	böse	unwohl

Was würdest du der 🐭 sagen? Kreuze an.

	🙂	🙁
Gib mir mein Schneckenhaus zurück!		
Schön, dass du auf mein Schneckenhaus aufgepasst hast.		
Du hast mein Schneckenhaus geklaut!		

Erzähle die Geschichte weiter und male ein Bild dazu.

Kapitel 10: Arbeitsmaterial

Wie fühlt sich die Ratte, als die anderen Tiere gemeinsam vor ihr stehen?

Kreise ein.

traurig	einsam	glücklich
erleichtert	unzufrieden	hilfsbereit
klug	sicher	geliebt
schön	ängstlich	hübsch
ehrlich	reich	fröhlich
böse	freundlich	unwohl

Was würdest du der Ratte gerne sagen?

_____

_____

_____

Schreibe die Geschichte weiter.

_____

_____

_____

_____

_____

_____

_____

Kapitel 11: Geschichte

„Du hast mein Schneckenhaus geklaut! Warum hast du das gemacht?", fragt Schnell wütend. Sie weiß, dass die anderen Tiere hinter ihr stehen, deshalb ist sie besonders mutig. Die Ratte schaut erstaunt auf die Ente mit einer Schnecke auf dem Rücken. So etwas Merkwürdiges hat sie noch nie gesehen. Sie wischt sich mit ihren Pfoten die letzten Reste des Spinnennetzes weg. Vor ihr steht tatsächlich eine Ente mit einer Schnecke auf dem Rücken, daneben sitzt eine Amsel auf dem Boden und eine Spinne, scheinbar mit einem Holzbein. Auch eine Eule, ein Maulwurf und ein Fuchs sind zu sehen. Die Ratte schüttelt sich, so komisch ist die Situation. Schließlich sieht sie die Gruppe traurig an. Dann schaut sie auf den Boden und beginnt zu erzählen:

„Wisst ihr, seitdem ich auf der Welt bin, fehlt mir ein großer Schneidezahn. Und ein Nagetier mit einem fehlenden Schneidezahn kann nicht richtig nagen. Deshalb werde ich von den anderen Ratten ständig gehänselt und niemand möchte mit mir spielen. Dabei bin ich doch eigentlich eine ganz normale Ratte! Ich dachte mir, wenn ich so ein schönes Schneckenhaus habe, werden mich die anderen Ratten endlich beneiden und mit mir spielen." Die Ratte schluchzt: „Aber ich wollte doch kein Dieb sein! Ich weiß, dass man niemandem etwas wegnehmen darf. Es tut mir so leid!"

Die Ratte blickt traurig in die Runde. Eine Träne läuft ihr über das Gesicht.

„Ist schon gut. Irgendwie hat es ja auch etwas Gutes, dass du mein Schneckenhaus mitgenommen hast", versucht Schnell, die Ratte zu trösten. „Denn wenn ich mein Schneckenhaus nicht gesucht hätte, hätte ich niemals so viele tolle Freunde gefunden."

So glücklich wie an diesem Tag war Schnell schon lange nicht mehr. In der Zwischenzeit hat der Maulwurf das Schneckenhaus aus seinem Tunnel gerollt und überreicht es Schnell feierlich. Überglücklich nimmt die Schnecke ihr Haus entgegen. Die anderen Tiere staunen. Schnells Schneckenhaus ist wirklich farbenfroh und glitzernd, einfach wunderschön. Schnell setzt sich ihr Schneckenhaus auf den Rücken und dreht sich strahlend zu ihren Freunden um.

„Na, wie sehe ich aus?", fragt sie stolz.

„Wunderschön", antworten alle gemeinsam und auch die Ratte ist tief beeindruckt.

„Das Haus steht dir so gut."

„Zusammen sind wir wirklich unschlagbar stark", bemerkt die Spinne und bietet der Ratte an mitzukommen.

„Die Spinne hat recht", meint der Maulwurf. „Eigentlich wollten wir Schnell nur dabei helfen, ihr Schneckenhaus wiederzufinden. Aber wir verstehen uns so gut und helfen uns gegenseitig, dass ich gar nicht mehr alleine durch die Gegend graben möchte."

Die Amsel nickt: „Ich möchte auch nicht mehr alleine sein. Lasst uns doch für immer zusammenbleiben."

Und so werden Schnell, die Schnecke, die unglaublich langsam ist, eine Spinne, die nicht richtig laufen kann, ein Eichhörnchen, das nicht richtig sprechen kann, ein Maulwurf, der nicht richtig graben kann, eine Ente, die nicht schwimmen kann, eine Amsel, die nicht fliegen kann, ein Fuchs, der sich nichts merken kann, eine Eule, die sich nachts fürchtet, und eine Ratte, die nicht richtig nagen kann, die allerbesten Freunde.

Kapitel 11: Arbeitsmaterial

Die Tiere haben Mitleid. Wie fühlt sich die jetzt? Kreise ein.

traurig	einsam	glücklich
klug	sicher	geliebt
schön	hübsch	reich
fröhlich	böse	unwohl

Wie soll dein bester Freund / deine beste Freundin sein? Kreise ein.

traurig	einsam	glücklich
freundlich	hilfsbereit	reich
fröhlich	böse	unzufrieden

Welches Tier wärst du gerne?

Ich wäre gerne ein/eine _____, weil _____

_____.

Tipp: Löwe, stark / Tiger, schnell / Elefant, groß /

Pfau, schön / Fuchs, schlau

Was kannst du gut?

Ich kann gut _____.

Tipp: rennen, klettern, schwimmen, malen, tanzen

Kapitel 11: Arbeitsmaterial

Die Tiere haben Mitleid. Wie fühlt sich die Ratte jetzt?

Kreise ein.

traurig	einsam	glücklich
erleichtert	unzufrieden	hilfsbereit
klug	sicher	geliebt
schön	ängstlich	hübsch
ehrlich	reich	fröhlich
böse	freundlich	unwohl

Wie soll dein bester Freund / deine beste Freundin sein?

traurig	einsam	glücklich
erleichtert	unzufrieden	hilfsbereit
sicher	geliebt	ängstlich
ehrlich	reich	fröhlich
böse	freundlich	unwohl

Welches Tier wärst du gerne?

Ich wäre gerne ein/eine _____, weil _____

_____.

Was kannst du gut?

Ich kann gut _____.

Lesespurgeschichte zum Lese- und Hörverstehen

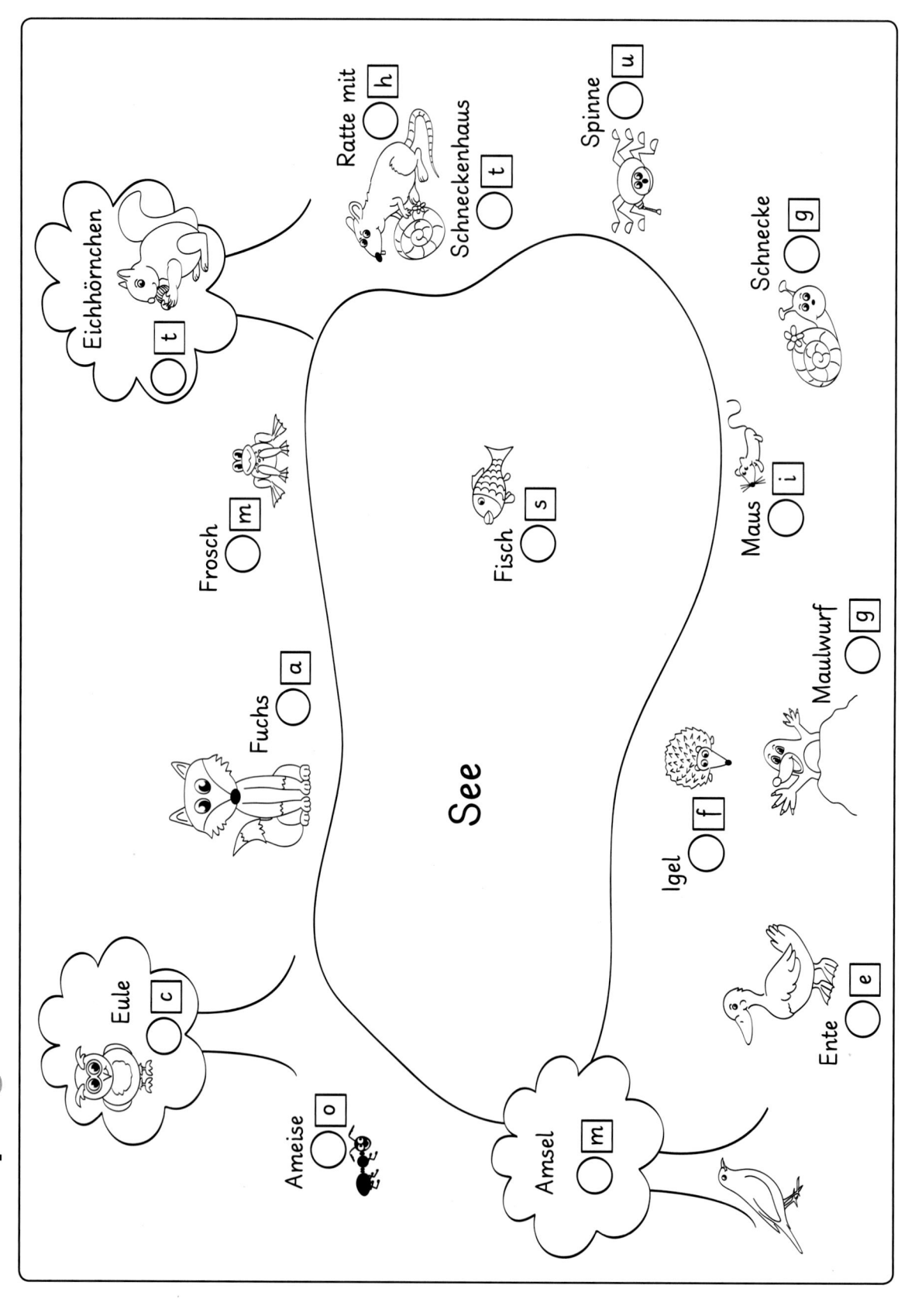

Eichhörnchen [t]

Ratte mit [h]
Schneckenhaus [t]

Spinne [u]

Schnecke [g]

Frosch [m]

Fisch [s]

Maus [i]

Fuchs [a]

See

Igel [f]

Maulwurf [g]

Eule [c]

Ameise [o]

Amsel [m]

Ente [e]

Lösungswort:

__ __ __ __ __ __ __ __ __ __ !
1 2 3 4 5 6 7 8 9 10

44

Lesespurgeschichte

- **Lies** den Text.
- **Su**che das Tier.
- **Tra**ge die Zahl in den Kreis ein.
- **Tra**ge den Buchstaben in das Lösungswort ein.

1. Schnell, die 🐌, ist traurig, denn ihr 🐚 wurde geklaut.

2. Die 🕷 möchte ihr helfen.

3. Das 🐿 hat eine Spur entdeckt.

4. Der 🐦 hat eine dunkle Gestalt beobachtet.

5. Die 🦆 hat das Schneckenhaus erkannt.

6. Die 🐦 hat ein Tier mit Fell beobachtet.

7. Der 🦊 hat einen Schwanz erkannt.

8. Die 🦉 hat ein nagendes Tier beobachtet.

9. Die 🐭 hat Schnell, der 🐌, das 🐚 weggenommen.

10. Schnell, die 🐌, bekommt ihr geliebtes 🐚 zurück.

Lesespurgeschichte

– **Lies** den Text.
– **Suche** das Tier.
– **Trage** die Zahl in den Kreis ein.
– **Trage** den Buchstaben in das Lösungswort ein.

1. Schnell, die Schnecke, ist traurig, denn ihr Schneckenhaus wurde geklaut.

2. Die Spinne möchte ihr helfen.

3. Das Eichhörnchen hat eine Spur entdeckt.

4. Der Maulwurf hat eine dunkle Gestalt beobachtet.

5. Die Ente hat das Schneckenhaus erkannt.

6. Die Amsel hat ein Tier mit Fell beobachtet.

7. Der Fuchs hat einen Schwanz erkannt.

8. Die Eule hat ein nagendes Tier beobachtet.

9. Die Ratte hat Schnell das Schneckenhaus weggenommen.

10. Schnell, die Schnecke, bekommt ihr geliebtes Schneckenhaus zurück.

Ausmalbild mit allen Tieren

Das ist Schnell, die Schnecke, mit all ihren Freunden. Male aus.

...einen Freund!

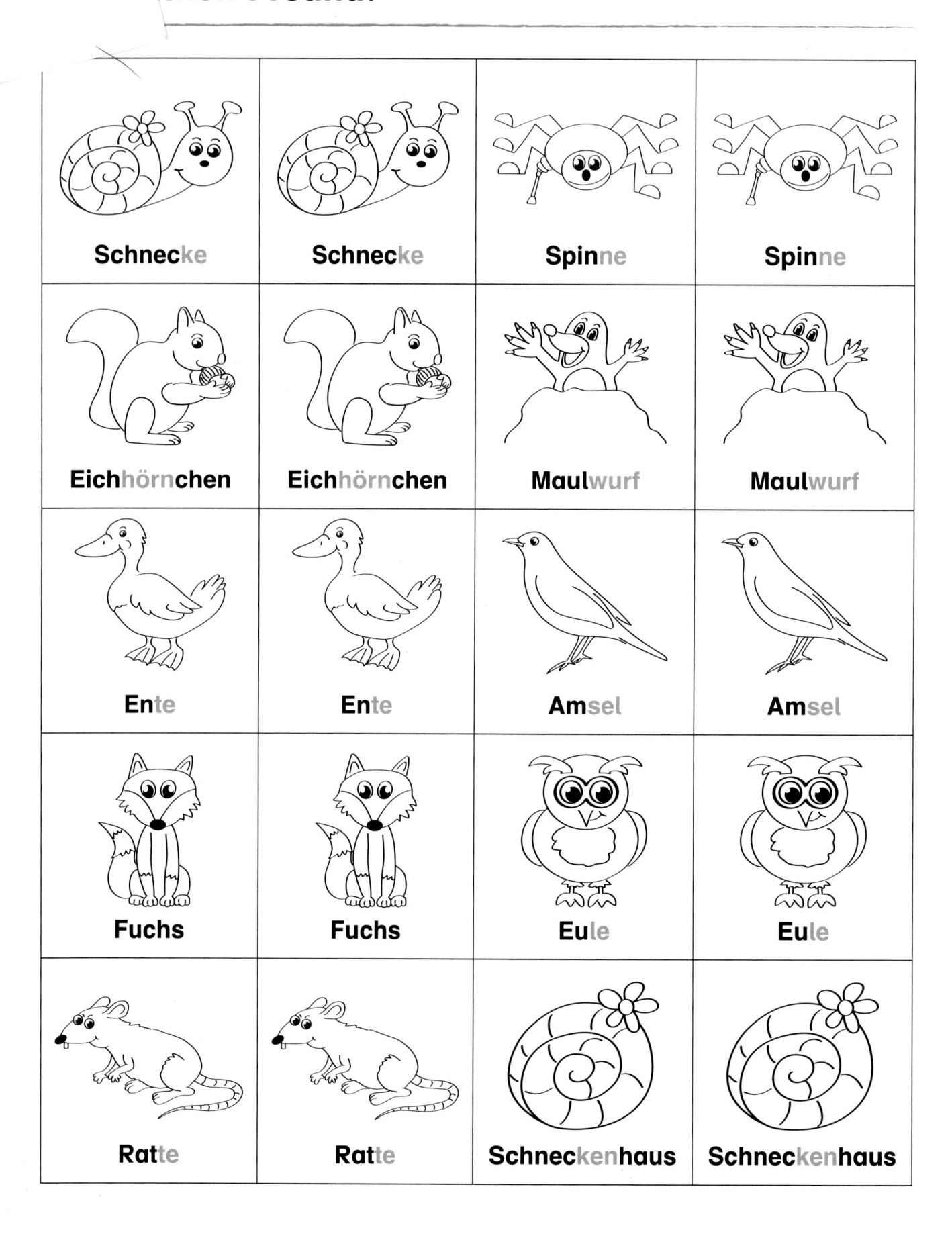

Schnecke	**Schnec**ke	**Spin**ne	**Spin**ne
Eichhörnchen	**Eich**hörnchen	**Maul**wurf	**Maul**wurf
Ente	**En**te	**Am**sel	**Am**sel
Fuchs	**Fuchs**	**Eu**le	**Eu**le
Ratte	**Rat**te	**Schnec**kenhaus	**Schnec**kenhaus